Seraphim

rudi behnke

edition lichtblick oldenburg

alle rechte der texte und bilder liegen
beim autor und maler
rudi behnke

Inhaltsverzeichnis

vorwort	07
im netz	08
hilflos	12
feuervogel	14
underworld	18
der weg zu mir	23
kopffeuer	26
steinschlag	28
herzflimmern	30
mein herzblut	31
in der stille	32
träume verriegeln die zeit	33
steine	35
profillos	36
lippenfluss	37
red river	39
liebesgut	42
tattuherz	43
visionen	45
agonie	51
erkenntnis	59
wiederkehr	63
menora	67
ich will nicht wissen	68
hoffnung	75
der autor	76
anmerkungen	78
schlusswort	79

vorwort

die sumerische philosophie sagt…
der gürtel
der die erde umgibt
und der schleier der schatten
der vorgelagert schützt
schützt vor dem gott baal

die stürme
die die artefakte freilegen
sind die gefühle
die seelen der menschen
welche schutzlos sind

im netz

gleichgültigkeit hat keine farbe
urbane einöde frisst am grau
bricht den leib der puppen

sie sind erwacht wie rosen
mit verborgenen posen
schmetterlinge schlafloser hauch
kokon verloren im steingarten

vogelfrei in der spinnenzeit
vernetzt gezielter heiligkeit
der fäden

flügelleerer morgentau
fällt zu boden
in der spinnenzeit vernetzt
gezielter hellligkeit

hilflos

sei wachsam
filter deine worte
schwadrone drehen sie um verrufgewachst
profile im labyrinth zielen auf dich

in der nacht sind sie hilflos
hab wegradiert
ausradiert
überall fussel
krümel

gedankenblätter wortgetürm
flatterhaft gekleidet
in schnelle worte
verlogener zeit
erwachen in der tiefe
tragen mit sehnsucht
das dickicht der gedanken
auf flügeln des nichts
ans licht

feuervogel

gedanken verriegeln die zeit
gedanken der einsamkeit
haben viele gesichter
im rausch auf der flucht
feuervögel an lippen trinken
verzehren den geruch
zum pulsschlag der wächter

im fieber roter augen
ruft die andere liebe
süßes blut
süßes blut
schwarze schwingen singen
treiben ein spiel
schwarze schwingen
auf nackter haut

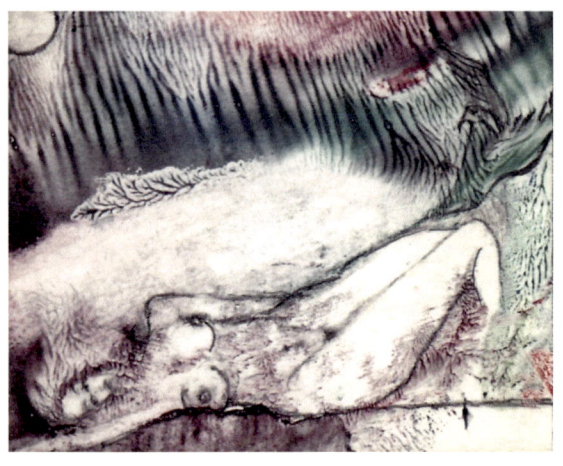

deine empfindungen
meine hoffnungen
sie hängen an blättern und blüten
in der nacht sind sie hilflos

der feuervogel stürzt herab
vor lauter lust hat er begehrt
vor lauter lust verzehrt
der feuervogel wird nicht satt

underworld

die verschwiegenen kanäle
sind ein kessel der bitterkeit
erdbeben bereit
magma zerreißt die trassen
aus der schluchten klafter
klafft das leid

angst steckt in der nischen platz
in ritzen zwischen varizen
platzen wünsche der gezeiten
schicht für schicht schmerzverloren

wie kann ich vergessen
die immer gegenwärtig
abartig um sich schlägt
in mich dringt
mich nicht schlafen lässt in unschuld

himmelstürme zerreißen die nacht
blutregen kleidet den tag im wettlauf gegen
die zeit
das leben

die zeit bleibt schweißgebadet
im sand der zeit
sommerstürme im roten kleid
sagen die wahrheit
ohne dich ist alles anders
und die spur führt ins leere
schritte der distanz
auf dem weg fremder straßen

unbegreifliche hindernisse
die mauern
sie türmen sich auf
umkreisen das sein
im steinschlag der zeit
stein für stein
das rot der steine schreit auf
auf sandigem grund

manchmal ziehe ich
mit weichen linien nach
was mich fühlen lässt
doch der rote faden
hat mich fast erhängt
ja
immer noch drückt der knoten
am schlund

der weg zu mir

der gesang der lerche
ist mehr
ist näher dem paradies
kann sie nicht hassen
kann sie nicht fassen
die
die liebe heißt

silberklang flieg
vogel flieg
sing mir ein lied
verstummter silberklang der zeit
sing mit bangen

der mond hat bunte flügel
trägt den silberklang
hinter goldenen stangen
ohne lügen

küsse müssen von mund zu mund
träumende lippen flehen
doch der vogel ruf
zeitloses fliegen
hat herzklopfen im gläsernen geäst
der zwang im kopf
an lippen trinken
deine liebe wecken
muss ich denken

ungeschminkt bist du noch kalt
saiten reißen ab
schweigen im fossilen gestein

kopffeuer

kopffeuer jagen
blitze schreien auf mit übelkeit
lautlos
welche farbe hat die liebe
sie haben ein bild von dir in mir gemalt mit
fenster
tür
garten
licht und schatten
hab den weg in farbe nicht erkannt
fand nicht die tür zum garten
eine hand voll perlen suchen das glück
einsam auf der schattenseite
auf dem weg der tränen
verliert sich die spur
es ist fast nacht
ich will nicht mehr
nicht mehr ein fremder sein in mir

wo waren die träume
als ich träumen wollte
sie sind zerrissen
sehnsüchtige wasser
blumen im sommer
im schatten vergessen
sind ein teil von mir
wollen vergessen
was war
was ist
wäre dieser schmerz nicht
auf weichen kissen
die küsse
die warmen hände vermissen
das bleibt
über nächte müssen sie gleiten
öffnen fünf türen
fluten ins licht
ergreifen den augenblick
den regenbogen sehnsüchtiger wasser
farbenspiel

steinschlag

starken in die bracke
nur weit weg
es war der
harlekin
sagt mir
hat keinen
zweck
tag für tag
nacht für nacht
fratzen schneiden

zungenschlag windet sich
schleicht ein
rafft den stein
hitzefreien belag
schlag auf schlag
im bett

herzflimmern

im halbschatten
unsere hände
im halbschatten
schattenwände
im halbschatten
herzflimmern
im halbschatten
schattenzimmer
im halbschatten
unsere liebe
im halbschatten
unsere triebe
im halbschatten
schattenliebe
im halbschatten
unser küsse
im halbschatten
schattenflüsse
im halbschatten
herzflimmern

mein herzblut

mir geht es gut
mir geht es gut
ja, mir geht es gut
dann und wann

bei geöffnetem fenster
höre ich deine schritte
auf dem asphalt
im bücherregal
liegt mein blutend herz

mir geht es gut
mein herzblut
ja mir geht es gut
dann und wann

mir ist kalt

in der stile

das kleine zimmer
verbrachte den abend
mit sterben
sternenmobile
schlittenfahrt
opferlamm
blut im schnee

in der stille
den kranz binden
mit blindenhänden
sehendem schmerz
auf weichen laken

träume verriegeln die zeit

träume verriegeln die zeit
auf weichen laken
träume verriegeln die zeit
an grauen tagen
träume verriegeln die zeit
in der einsamkeit
träume verreigeln die zeit
und so viele fragen

steine

manchmal
wie sie sein
manchmal
hart sein
aus stein sein
dein sein

steine können
heilen
steine können
erinnern
steine sind
abschied
steine haben
ewigkeit

profillos

profile schneiden
ecken und kanten
egalisieren
schweißnarben
glätten
keinen riss lassen
im perfekten gesicht
der pathologie

es leuchtet
schon lange nicht mehr

lippenfluss

flüchtig
fahrig
in den tod gedacht
geht der schlaf
am ufer entlang
tuchgefühl erstarrt
flatterhaft der lippenfluss

red river

auf dem fluss der flüsse
peitschenhiebe
ewig nackter
hilfeschreie
fließt das blut
geraubter küsse

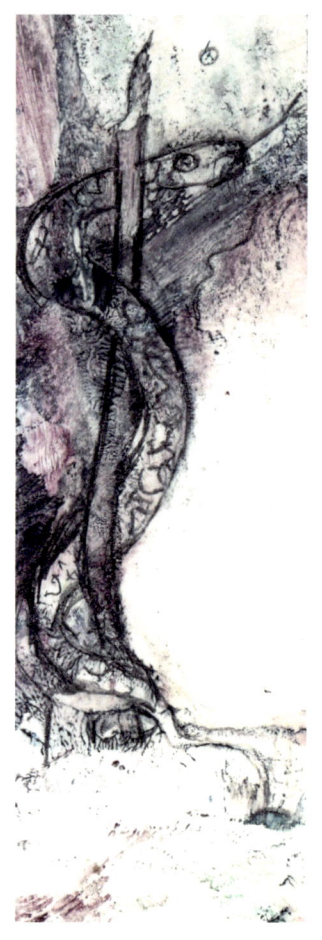

es gibt kein halten
plötzlich sind sie da
die spitzen mördergesänge
die schlangenküsse
der liturgie

zwischen reißenden wassern
geifernd gischtgesang

du willst nicht wissen
du hast vergessen
auf weichen lippen
des tang

liebesgut

eine flasche sexaroma
aufblasbarer däumling
gummifrau
feurige stumme gäste
in rot und blau
berühren verführen
das kiesbett der flüsse

tattuherz

licht gesicht
vergisst nicht
was war
was ist
was bleibt
von der zeit

visionen

spannungen aushalten
schlüsse ziehen
schalten
ermessen
wie weit
kann ich gehen
kann ich klar denken

die pole tauschen
durch eine andere
welt laufen

in einer welt leben
ist zu wenig
die früchte ernten
zu viel
wie kann ich ausbrechen
aus dieser zwangsjacke
die mir keine freiheit
lässt

ich schreie
ich weine
ich weine
ich schreie
mit lüsterndem verlangen
in die ferne

visionen haben fliegen gelernt
steigen auf zu den planeten

die legionen gleisender gedanken
flackernder sterne
gleiten
durch die kollonie
der schizophrenie
abgemagert
ausgebrannt

agonie

du fliegerin in meinem kopf
du schmuckdesignerin der träume
im wetlauf der zeit
wohin mit dem schrott
wohin mit dem falschen zauber
facettenschliff
des augenblicks
leidet lupenrein

lichtgedanken
umspannen
atemlos emotionen
flügel aus stahl
vom blitz getroffen
brechen ab
schweigen
auf kaltem stein

schwarzer engel
deine gebärdensprache
der flügelschläge
bewegen deinen leblosen körper
auf brüchigen gelenken
der glaubwürdigkeit
durch die galaxie

warheit und klarheit
die engel der lüge
kennen keine grenzen
im universum
inzest tötlicher gier

die schwingen der notdurft
zwingen dich in den abgrund
der würdelosigkeit
wenn mich nichts schmerzt
ist es doch deine armseligkeit
und verkommenheit

erkenntnis

du riechst wie toter fisch
erinnerungen aus der tiefe
fliegen im schuppenkleid vorbei
in zeitloser wiedergeburt
der metamorphose

auf flügeln der ratio
ach seraphim
im sturm der evolution
klarer schmerzen schrei
*

die toten winde
werden fliegen lernen
auf der nebelbank
verhangener schatten
der unendlichkeit

wiederkehr

im zeichen des widder
fließt die zeit
auf der suche
nach dem golgenen fließ
ich trinke aus
den kelch
den roten fluss
höre den klang
der wiederkehr

der neuanfang des planeten
ein engel im silberkleid
ja
es wird ein langer flug sein
bis zur wiederkehr

auf leerer spur
schreibt er dann
den neuen namen

menora

trauer musst du extra tragen
sterne säumen die nacht
mit ungeduld
nimm es leicht menora
mit einer träne im auge
blicke zurück
an den wassern zu babel
hast du einst geweint
suchtest trost in einem lied
menora
beersheba ist durstig
baatsheba träumt von elim
**
***

ich will nicht wissen

wie lang ist ein tag
im stillen wasser
brechen die fluten
das sein
wer bin ich
wer bist du
die händelosen winde
teilen das meer

ich will nicht wissen
wie du heißt
ich will nicht wissen
wer du bist
ich will nicht wissen
wie du fliegst
ich will nicht wissen
wo kommst du her
ich will nicht wissen
übers meer

ich will nicht wissen
wie du schmeckst
ich will nicht wissen
wie du riechst

ich will dich küssen
dann werd ich wissen
wer du bist
dann werd ich wissen
wie du schwebst
über dem meer

wie lang ist eine nacht
wenn der tag dich nicht
wecken will
und das erwachen
wahrheit heißt

irgendwo
im nirgendwo
der sternenwelt
bist du reich und schön
mit lichterspiele
über den wassern
goldregen
und sternenküssen

hoffnung

das kleine blaue
fenster
träumte vom
fliegen
an dem tag
als die erde
still stand
ließ eine schwalbe
fliegen
gefaltet aus
papier

der autor
rudi behnke

geboren am 27. januar 1948 als erstes kind jüdisch/polnischstämmiger eltern in kyritz .

großvater jeremia war sohn der jüdischen familie römer, bankhaus in ludwigsburg. er überlebte den holocoust in venezuela. einigen familienmitgliedern gelang die flucht nach amerika. die meisten wurden aber in auschwitz ermordet. großmutter war erika perl. sie heiratete in den 20ger jahren den gerichtsschreiber behnke, wodurch ihr erster sohn (unehelich von jeremia römer) zum namen behnke kam. dieser sohn überlebte krieg und verfolgung im untergrund in jugoslawien. nach seiner rückkehr nach deutschland heiratete er und sein erster sohn war rudi behnke.

kunststudium in wuppertal.
studium theologie und psychologie in lemgo.
er lebt seit 1974 als freischaffender maler und lyriker in oberhausen.

einen eigenen stil in seiner künstlerischen tätigkeit mit wiedererkennungswert zu finden, sowohl als maler und auch als lyriker, war ein langer prozess.

er nennt seine lyrik kryptische lyrik, da sie die tiefsten gefühle seiner seele zeigen.
das „wo komme ich her, wo gehe ich hin" ist für ihn die frage. wer bin ich in meiner ganzheit, der zerrissenheit, der sehnsucht ?

anmerkungen

zu seite 61
*seraphim, engel der erkenntnis mit 6 flügeln

zu seite 67
** beersheba und baatsheba, städte in israel, träumen von einem besseren leben, siehe 2. mose 15.16 und 2. mose 16, 1 – 5

*** ELIM, (hebr., gewaltige bäume, oase, ruhestätte)

schlusswort

du kannst die wurzeln nicht erkennen
du musst erst sterben
du ziehst die zeit hinter dir her
aber die erde ist so schwer

zitat: *zur eröffnung aus der kabbala*
　　　sinnbild der umkehrung

Kontakt:
Rudi Behnke
Alleestraße 133
46049 Oberhausen

rubehnke@web.de
www.multi-art-oberhausen.de

© rudi behnke / edition lichtblick, oldenburg 2014
Books on Demand GmbH, Norderstedt
Erste Auflage 2014
Alle Rechte vorbehalten, insbesondere das der Übersetzung, des öffentlichen Vortrags sowie der Übertragung durch Rundfunk und Fernsehen, auch einzelner Teile. Kein Teil des Werkes darf in irgendeiner Form (auch Fotografie, Mikrofilm oder andere Verfahren) ohne schriftliche Genehmi-gung des Verlages reproduziert oder unter Verwendung elektronischer Systeme verarbeitet, vervielfältigt oder verbreitet werden.
Titelbild: Rudi Behnke
Illustration: Rudi Behnke
Satz und Layout: Rudi Behnke
Die Deutsche Nationalbibliothek verzeichnet diese Publikation in der Deutschen Nationalbibliografie; detaillierte bibliografische Daten sind im Internet über dnb.d-nb.de abrufbar.
ISBN: 9783734743832   www.edition-lichtblick.de